Reinhard Abeln · Anton Kner

Momente der Zuversicht

Älter werden und jung bleiben

AGENTUR DES RAUHEN HAUSES HAMBURG

Freude über jeden Tag

Reinhard Abeln/Anton Kner

Je älter wir werden, umso mehr freuen wir uns über jeden einzelnen Tag, den Gott uns schenkt. Wir sind dankbar für alles, was uns täglich begegnet, sei es ein sonniger Morgen, eine erfahrene Hilfe oder ein kleiner Vogel vor unserem Fenster. Wir entdecken, dass im Leben eigentlich gar nichts selbstverständlich ist. Dieses Lesebuch zeigt auf, was für jeden Tag unseres Alters wichtig und bedenkenswert ist.

So gelingt das Alter

Grundsätze der französischen Bewegung für das dritte Alter „Vie Montante“

Immer für jemanden da sein, immer etwas zu tun haben, darin liegt das Geheimnis, wie man alt werden und zugleich jung bleiben kann. Wer liebt, wird nicht alt.

Nicht nachlässig werden. Körper, Geist und Seele in Form halten. So sind wir weniger auf andere angewiesen.

Schauen wir auf die tausend kleinen Dinge, die wir können. Jeder Tag hat seine Sonnenstrahlen: sich bewegen können, hören, lesen, sich unterhalten, dienen, lächeln, verzeihen, beten ...

Alles fernhalten, was unserem Altwerden schaden kann: Ungeduld, Müßiggang, Egoismus, Abkapselung, innerer Groll, Eifersucht, Neid ...

Nicht in der Vergangenheit und nicht in der Zukunft leben. So gut es geht, den jetzigen Moment leben; er ist immer neu und voller Hoffnung.

Was ist eigentlich das Leben?

Schwedisches Märchen

An einem schönen Sommertag um die Mittagszeit war große Stille am Waldrand. Die Vögel hatten ihre Köpfe unter die Flügel gesteckt, und alles ruhte. Da streckte der Buchfink sein Köpfchen hervor und fragte: „Was ist eigentlich das Leben?“ Alle waren betroffen über diese schwierige Frage.

Die Heckenrose entfaltete gerade eine Knospe und schob behutsam ein Blatt ums andere heraus. Sie sprach: „Das Leben ist eine Entwicklung.“ Weniger tief veranlagt war der Schmetterling. Er flog von einer Blume zur anderen, naschte da und dort und sagte: „Das Leben ist lauter Freude und Sonnenschein.“ Drunten im Gras mühte sich eine Ameise mit einem Strohhalm, zehnmal länger als sie selbst, und sagte: „Das Leben ist nichts als Arbeit und Mühsal.“

Geschäftig kam eine Biene von einer honighaltigen Blume auf die Wiese zurück und meinte dazu: „Nein, das Leben ist ein Wechsel von Arbeit und Vergnügen.“ Wo so weise Reden geführt wurden, streckte auch der Maulwurf seinen Kopf aus der Erde und brummte: „Das Leben? Es ist ein Kampf im Dunkeln.“

Nun hätte es fast einen Streit gegeben, wenn nicht ein feiner Regen eingesetzt hätte, der sagte: „Das Leben besteht aus Tränen, nichts als Tränen." Dann zog er weiter zum Meer.
Dort brandeten die Wogen, warfen sich mit aller Gewalt gegen die Felsen und stöhnten: „Das Leben ist wie ein vergebliches Ringen nach Freiheit."
Hoch über ihnen zog majestätisch der Adler seine Kreise. Er frohlockte: „Das Leben, das Leben ist ein Streben nach oben."
Nicht weit vom Ufer entfernt stand eine Weide. Sie hatte der Sturm schon zur Seite gebogen. Sie sagte: „Das Leben ist ein Sichneigen unter eine höhere Macht."

Dann kam die Nacht. Mit lautlosen Flügeln glitt der Uhu über die Wiese dem Wald zu und krächzte: „Das Leben heißt: die Gelegenheit nützen, wenn andere schlafen." Und schließlich wurde es still in Wald und Wiese. Nach einer Weile kam ein junger Mann des Wegs.
Er setzte sich müde ins Gras, streckte dann alle viere von sich und meinte, erschöpft vom vielen Tanzen und Trinken: „Das Leben ist das ständige Suchen nach Glück und eine lange Kette von Enttäuschungen."

Auf einmal stand die Morgenröte in ihrer vollen Pracht auf und sprach: „Wie ich, die Morgenröte, der Beginn eines neuen Tages bin, so ist das Leben der Anbruch der Ewigkeit!"

Über das Alter

Es kommt nicht darauf an, wie *alt* man ist, sondern *wie* man alt ist.

Hermann Keyserling

Das Alter ist wie eine Woge im Meer. Wer sich von ihr tragen lässt, treibt obenauf. Wer sich dagegen aufbäumt, geht unter.

Gertrud von Le Fort

Warum den körperlichen Verfall fürchten, wenn die Jahre eine tiefe innere Sicht bringen, eine größere Sanftmut im Tun?

Frère Roger Schutz

Der Mensch wird jünger mit jedem Jahr. Er geht einer neuen Geburt zum ewigen Leben entgegen. Er trägt den in sich, der jünger ist als alle.

Aurelius Augustinus

Ein junges Alter ist gut, eine alte Jugend taugt nichts.

Sprichwort

Keine Kunst ist's, alt zu werden; es ist Kunst, es zu ertragen.

Johann Wolfgang von Goethe

Ich finde das Alter nicht arm an Freuden; Farben und Quellen dieser Freuden sind nur anders.

Alexander von Humboldt

Alt werden heißt sehend werden. Marie von Ebner-Eschenbach

Altwerden des Christen ist nicht Hinschreiten zum Ende, sondern Emporsteigen zur Vollendung, zu Gott, der uns erfreut von Jugend auf.

Lorenz Kardinal Jaeger

Wer in der Jugend einen Weinberg anlegt, hat im Alter Trauben.

Lebensweisheit

Wenn unser Leben sich neigt, so sollen wir sein wie die Bäume des Herbstes: voll reifer Früchte. Johann Heinrich Pestalozzi

Niemand ist so alt, dass er nicht noch ein paar Jahre leben zu können glaubt.

Cicero

Alter gibt Erfahrung.

Ovid

Wünsche für den morgigen Tag

Geschichte aus China

In China trafen sich einmal drei alte Männer, ehemalige Mitschüler. Aus dem einen von ihnen war ein Statthalter des Kaisers geworden, aus dem anderen ein Gelehrter, aus dem dritten ein Gärtner. Als sie nun so beisammensaßen und sich über ihr Leben unterhielten, kamen sie auch auf die Wünsche zu sprechen, die sie noch an das Leben hatten, und sie stellten fest, dass sie immer nur Wünsche für den folgenden Tag hatten, da sie ja schon alt waren und jeder Tag ihnen wie ein Geschenk vorkam.
„Ich wünsche mir für den morgigen Tag", sagte der Statthalter, „eine Porzellanschale voll köstlichen Tees und ein stolzes Pferd zum Ausreiten. Mehr Wünsche habe ich nicht."
„Ich", sagte der Gelehrte, „wünsche mir für den morgigen Tag eine Schale süßer Trinkschokolade und gute Augen, um ein schönes Buch zu lesen."
„Und ich", sagte der Gärtner, „ich wünsche mir für den morgigen Tag, dass die Sonne aufgeht, wie sie es immer getan hat, dass der Quell nicht versiegt, von dem ich morgens trinke, und dass die Vögel in den Bäumen singen, von deren Früchten ich mich nähre."
In der Nacht, die diesem Gespräch folgte, gab es ein großes Erdbeben in China. Als der Statthalter tags darauf seinen Tee trinken wollte, konnte er's nicht, denn die porzellanene Schale dafür war zerbrochen; und als er mit dem Pferd ausreiten wollte, konnte

er's gleichfalls nicht, denn einstürzende Mauern hatten sein Pferd erschlagen. Dem Gelehrten erging es ähnlich wie dem Statthalter. Als er seine Schokolade trinken wollte, fehlte dafür die Schale; und als er in einem schönen Buche lesen wollte, konnte er's nicht, denn seine Bibliothek war eingestürzt, und alle seine Bücher waren verbrannt.

Dem Gärtner aber ging es anders als dem Statthalter und dem Gelehrten. Als er erwachte, ging die Sonne auf, wie er es sich gewünscht hatte. Als er zum Quell ging, um daraus zu trinken, sprudelte der immer noch. Und als er in den Garten ging, der von dem Erdbeben verwüstet war, standen dort immer noch einige Bäume, die Früchte trugen, und in den Bäumen sangen Vögel.

Seitdem sagt ein Sprichwort in China: „Wer sich für den folgenden Tag am wenigsten wünscht, der ist am glücklichsten dran."

Erst fünfundneunzig

Reinhard Abeln

Tatsächlich, er war wirklich schon 95 Jahre alt, der alte Mann, den ich vor Jahren einmal traf. Auf meine Frage, wie alt er sei, sagte er: „Erst fünfundneunzig." Damals war ich mit meinen gut sechzig Jahren noch ein junger Mann.
Ich fragte den 95-jährigen, was er denn gemacht habe, um zu einem so hohen Alter zu kommen. Darauf sagte er: „Ich habe nie so alt werden wollen. Ich habe immer alles genommen, wie es kam. Gott hat mir immer beigestanden, und ich freue mich über jeden Tag, den er mir schenkt."
Wir kamen natürlich auch auf seine Kinder und Enkel zu sprechen, und da meinte er: „Ich sage es ihnen immer wieder: Wenn es euch einmal schlecht geht, dann bleibt stehen, werdet nie mutlos, denn es geht im Leben immer wieder weiter. Wenn der Herrgott uns ein Fenster zumacht, dann macht er irgendwo anders eine Tür auf. Es ist im Leben nie zum Verzweifeln!"

4

Heute leben

Reinhard Abeln

„Der wichtigste Augenblick im Leben ist immer der gegenwärtige“, sagt der russische Philosoph und Schriftsteller Leo Tolstoi (1828 – 1910). Alle Augenblicke meines bisherigen Lebens sind unwiderruflich vorbei, alle Augenblicke der Zukunft sind noch nicht in meiner Gewalt. Was mir gehört, ist die jetzige Stunde, die mir vom Schöpfer geschenkt ist.

Wie vor vierzig Jahren ...

Persische Geschichte

Drei befreundete alte Männer saßen zusammen und sprachen von den Freuden der Jugend und der Last des Alters. „Ach“, stöhnte der eine, „meine Glieder wollen nicht mehr, wie ich will. Was bin ich doch früher gelaufen wie ein Windhund, und jetzt lassen mich meine Beine so im Stich, dass ich kaum mehr einen Fuß vor den anderen setzen kann.“
„Du hast Recht“, pflichtete ihm der zweite bei. „Ich habe das Gefühl, meine jugendlichen Kräfte sind versickert wie das Wasser in der Wüste. Die Zeiten haben sich geändert, und zwischen den Mühlsteinen der Zeit haben wir uns geändert.“
Der dritte, ein Mullah, ein Laienprediger, kaum weniger klapprig

als seine Gefährten, schüttelte den Kopf: „Ich verstehe euch nicht, liebe Freunde. Ich kenne das alles von mir nicht, worüber ihr klagt. Ich bin genauso kräftig wie vor vierzig Jahren.“ Das wollten ihm die anderen nicht glauben.
„Doch, doch“, ereiferte sich der Mullah. „Den Beweis dafür habe ich erst gestern erbracht. Bei mir im Schlafgemach steht schon seit Menschengedenken ein schwerer eichener Schrank. Vor vierzig Jahren habe ich versucht, diesen Schrank zu heben, aber was glaubt ihr, Freunde, was geschah? Ich konnte den Schrank nicht heben. Gestern kam mir die Idee, ich solle einmal den Schrank anheben. Ich versuchte es mit allen Kräften, aber wieder schaffte ich es nicht. Damit ist doch eines klar bewiesen: Ich bin genauso kräftig wie vor vierzig Jahren!“

Glücklich, wer danken kann!

Reinhard Abeln

Achtzig Jahre ist der Mann, geht am Stock und sieht nicht mehr gut. Auf die Frage, wie es ihm gehe, antwortete er: „Ich bin der glücklichste Mensch, den es gibt. Mich kritisiert keiner. Ich kann essen, was und wieviel ich will. Magenbeschwerden kenne ich nicht. Mir geht es prima!"
Als der Mann merkte, dass sein Gegenüber nicht so ganz von seinem Wohlbefinden überzeugt war, wiederholte er: „Ich fühle mich in der Tat sehr glücklich und zufrieden. Trotz meiner Jahre freue ich mich an jedem Tag. Ich finde es schön, lange leben zu dürfen. Und ich bin dankbar dafür, dass mir der Herrgott so viele Jahre geschenkt hat."
Warum fällt es eigentlich vielen so schwer, froh und dankbar zu sein? Warum geben sie so selten zu, dass sie im Grunde die glücklichsten Menschen auf dieser Erde sein müssten? Die amerikanische Schriftstellerin Helen Keller, die selbst blind und taubstumm war, schrieb einmal: „Ich weinte, weil ich keine Schuhe hatte – bis ich einem begegnete, der keine Füße hatte."
Es ist kaum zu glauben, was die Dankbarkeit aus einem Menschen machen kann! Das gilt besonders für die Zeit des Alters. Man entdeckt die vielen winzigen Aufmerksamkeiten und merkt, dass im Leben eigentlich gar nichts selbstverständlich war und ist. Das Erlebnis der Dankbarkeit schenkt ein Glücksgefühl, das Jüngere kaum ahnen können.

Es ist wahr, was uns Martin Buber (1878 – 1965), der jüdische Religionsphilosoph, sagt: „Je älter man wird, umso mehr wächst in einem die Neigung zu danken." Vielleicht überlegen Sie einmal in einer stillen Viertelstunde: Wem habe ich heute besonders zu danken?

Danken hat mit dem Denken zu tun. Nur wer denkt, kann auch danken. Dieses Denken geschieht aber nicht mit dem Verstand. Sonst müssten ja alle grundgescheiten Leute zu den dankbaren Menschen gehören. Oft ist das Gegenteil der Fall! Bei diesem Denken ist das „Denken mit dem Herzen" gemeint. Wer „mit dem Herzen" denkt, weiß: Ein Tag ohne Liebe ist ein verlorener Tag – ein Tag ohne Dank ebenso!

Wie dankbar war Dietrich Bonhoeffer für ein Gespräch, das er mit seinem Freund im Gefängnis führen durfte! In einem Brief vom ersten Weihnachtstag 1943 heißt es: „Noch zehre ich fast ununterbrochen von deinem Besuch. Er war wirklich eine Notwendigkeit. Es gibt einen geistigen Hunger nach einer Aussprache, der viel quälender ist als der leibliche. Was haben wir in den eineinhalb Stunden alles berührt und voneinander zu erfahren bekommen! Ich danke dir sehr dafür."

Haben nicht auch wir allen Grund, für alles, was wir jeden Tag „geschenkt" bekommen, zu danken? Ein paar Anregungen kann uns ein siebzigjähriger Mann geben, der in sein Tagebuch diese Sätze schrieb:

„Ich danke für die Zeitung, die ich heute Morgen gelesen habe, für die Frau, die sie gebracht hat, für den spannenden Roman, der mir viel Freude gemacht hat! Ich danke für das Essen, das

mich gestärkt hat, für die Getränke, die meinen Durst gestillt haben! Ich danke für den Spaziergang, den ich gemacht habe, für Bäume und Blumen, die mein Herz erfreut haben, für alles, was ich gesehen und gehört habe!
Ich danke für den Jungen, dem ich zusah, wie er vor dem Hause gegenüber spielte, für das Mädchen, das mit Rollschuhen vorsichtig an mir vorbeifuhr! Ich danke für den ‚Guten Tag', den mir einer gewünscht hat, für das Lächeln, das mir unterwegs geschenkt wurde! Ich danke für das Dach, das mich beschützt, für das Licht, das mir leuchtet, für die Melodie aus dem Radio!"
Es gibt so viele Anlässe, wofür ich im Alter danken kann: zum Beispiel, dass ich lebe, dass ich einigermaßen schlafen kann, dass es Menschen gibt, die für mich sorgen, dass ich jeden Tag an einem gedeckten Tisch sitze, dass ich sehen, gehen, hören und atmen kann, dass ich täglich aufstehen darf …
Dankbar darf ich sein für eine friedliche Nacht, für einen hellen Morgen, für eine erhaltene Hilfe, für eine erfüllte Zeit, für jedes Lächeln, das mir geschenkt wird, für jedes Gute, für alles Glück, für alle empfangene Liebe, Aufmerksamkeit und Gefälligkeit … Es scheint zu stimmen, dass der Mensch erst dann etwas schätzt, wenn er es nicht mehr hat oder eine Zeitlang entbehren muss.
Glücklich darf sich der nennen, der danken kann! Wer dankt, wird und bleibt menschlich. Erfahrene Lebensberater sagen mit Recht, sie seien noch nie einem Menschen begegnet, der am Alter zerbrochen sei, solange er danken konnte. Diese Dankbarkeit lernt man allerdings nicht durch Vorträge, sondern nur durch – Danken!

Über die Dankbarkeit

Dankbare Menschen sind wie fruchtbare Felder; sie geben das Empfangene zehnfach zurück.
August von Kotzebue

Danken kostet nichts und gefällt Gott und den Menschen wohl.
Sprichwort

Dankbarkeit ist die Erkenntnis, dass das Leben in all seinen Erscheinungsformen ein Geschenk ist, für das wir danken möchten.
Henri J. M. Nouwen

Ein einziger dankbarer Gedanke gen Himmel ist das vollkommenste Gebet.
Gotthold Ephraim Lessing

Dankbare Menschen

Der Dank ist für kleine Seelen eine drückende Last, für edle Herzen ein Bedürfnis.

Georg Christoph Lichtenberg

Dankbarkeit ist ein echtes, sehr helfendes, wirksames Pharmakon, das die Seele erfrischt, kräftigt und für den Dienst Gottes frei macht.

Albert Görres

Dankbarkeit gehört zu den Schulden, die jeder Mensch hat, aber nur die wenigsten tragen sie ab.

Sprichwort

Dankbarkeit ist die Wachsamkeit der Seele gegen die Kräfte der Zerstörung.

Gabriel Marcel

Die Wunderpillen

Reinhard Abeln

Ein Arzt besucht seine Patienten im Altenheim. Ihm fällt ein 96-jähriger Mann auf, der stets zufrieden und freundlich ist. Eines Tages spricht ihn der Arzt darauf an und fragt nach dem Geheimnis seiner Freude. Lachend antwortet der Mann: „Herr Doktor, ich nehme jeden Tag zwei Pillen ein, die helfen mir!"
Verwundert schaut ihn der Arzt an und fragt: „Zwei Pillen nehmen Sie täglich? Die habe ich Ihnen doch gar nicht verordnet!"
Verschmitzt lacht der Mann und antwortet: „Das können Sie auch gar nicht, Herr Doktor. Am Morgen nehme ich gleich nach dem Aufstehen die Pille Zufriedenheit. Und am Abend, bevor ich einschlafe, nehme ich die Pille Dankbarkeit. Diese beiden Arzneien haben ihre Wirkung noch nie verfehlt."
„Das will ich Ihnen gerne glauben", meint der Arzt. „Ihr gutes Rezept werde ich weiterempfehlen."

Das Leben fragt auch mich

Afrikanisches Märchen

Das Leben begab sich eines Tages auf die Wanderschaft durch die Welt. Es ging und ging, bis es zu einem Menschen kam. Dieser Mensch hatte so geschwollene Glieder, dass er sich kaum rühren konnte.

„Wer bist du?“, fragte es der Mann.

„Ich bin das Leben.“

„Wenn du das Leben bist, so kannst du mich sicher gesund machen“, erwiderte der Mann.

„Ja, ich will dich heilen“, sagte das Leben. „Aber du wirst mich und deine Krankheit bald vergessen.“

„Wie könnte ich euch vergessen!“, rief der Mann aus.

„Gut, ich will in sieben Jahren wiederkommen, dann werden wir ja sehen“, meinte das Leben. Und es bestreute den Mann mit Staub vom Wege, und er war geheilt.

Dann zog das Leben weiter und kam zu einem Aussätzigen.

Auch der fragte: „Wer bist du?“

„Ich bin das Leben.“

„Das Leben?“, sagte der Kranke. „Dann könntest du mich gesund machen.“

„Das kann ich“, erwiderte das Leben. „Aber du wirst mich und deine Krankheit bald vergessen.“

„Ich vergesse euch bestimmt nicht“, versprach der Aussätzige.

„Nun, ich will in sieben Jahren wiederkommen, dann werden wir

ja sehen“, sprach das Leben. Und es bestreute den Aussätzigen mit Staub vom Wege, und der Aussätzige war sogleich gesund. Wieder begab sich das Leben auf die Wanderschaft. Nach Tagen kam es zu einem Blinden.
„Wer bist du?“, fragte der Blinde.
„Ich bin das Leben.“
„Das Leben?“, rief der Blinde erfreut. „Bitte, dann gib mir mein Augenlicht wieder!“
„Das will ich tun. Aber du wirst mich und deine Blindheit bald vergessen haben.“
„Ich werde euch bestimmt nicht vergessen“, versprach der Blinde.
„Nun gut, ich will in sieben Jahren wiederkommen, dann werden wir ja sehen“, antwortete das Leben. Und es bestreute auch den Blinden mit Staub vom Wege, und der Mann konnte wieder sehen.

Als sieben Jahre vorüber waren, zog das Leben wieder in die Welt. Es verwandelte sich in einen Blinden und ging zuerst zu dem Menschen, dem es das Augenlicht wiedergegeben hatte.
„Wenn es dir möglich ist, lass mich bei dir übernachten“, bat das Leben.
„Was fällt dir ein?“, schrie der Mann. „Scher dich fort! Das fehlte mir gerade noch, dass sich hier jeder Krüppel breitmacht.“
„Siehst du“, sagte da das Leben. „Vor sieben Jahren warst du blind. Damals habe ich dich geheilt. Und du versprachst mir, deine Blindheit und mich niemals zu vergessen.“
Jetzt nahm das Leben ein wenig Staub vom Wege und streute ihn auf die Spur dieses undankbaren Menschen. Und von Stund an war er wieder blind.
Dann ging das Leben weiter. Es kam zu dem Menschen, den es vor sieben Jahren vom Aussatz befreit hatte. Das Leben verwandelte sich selbst in einen Aussätzigen und bat um Obdach.

„Pack dich!“, schrie der Mann. „Du wirst mich noch anstecken!“
„Siehst du“, sagte da das Leben. „Vor sieben Jahren habe ich dich vom Aussatz geheilt. Damals hast du mir versprochen, mich und deine Krankheit nie zu vergessen.“
Darauf nahm das Leben ein wenig Staub vom Wege und streute ihn auf die Spur des Mannes. Im selben Augenblick wurde der Mann wieder vom Aussatz befallen.
Schließlich verwandelte sich das Leben in einen Menschen, dessen Glieder so geschwollen waren, dass er sich kaum rühren konnte. Und es besuchte auch jenen Mann, den es vor sieben Jahren zuerst gesund gemacht hatte.
„Könnte ich bei dir übernachten?“, fragte ihn das Leben.
„Gern, komm nur zu mir herein, du Armer! Setz dich! Ich will dir etwas zu essen machen. Ich kann mich in dich hineindenken, denn auch ich hatte einmal solch geschwollene Glieder. Sieben Jahre ist es gerade her, seit das Leben hier vorüberkam und mich heilte. Damals sagte es, dass es nach sieben Jahren wiederkommen wolle. Warte hier, bis es kommt! Vielleicht wird es auch dir helfen.“
„Ich bin dieses Leben“, sprach da das Leben. „Du bist der Einzige von allen, der weder mich noch seine Krankheit vergessen hat. Deshalb sollst du auch immer gesund bleiben.“
Als es sich dann von dem guten Mann verabschiedete, sagte das Leben noch: „Ständig wandelt sich das Leben. Oft wird aus Glück Unglück, Not verwandelt sich in Reichtum, und Liebe kann in Hass umschlagen. Kein Mensch sollte das jemals vergessen.“

Wunderbare Geschenke

Artur Rubinstein

Ich habe eine merkwürdige Gewohnheit:
Ich freue mich jeden Morgen, wenn ich aufstehe,
dass ich noch sehen kann, hören kann, riechen kann;
dass ich noch alle Sinne besitze;
dass ich noch gehen kann.
Das sind doch wunderbare Geschenke!
Es könnte ja auch anders sein.
Gut, auch damit müsste ich mich abfinden.
Aber man muss doch
ein bisschen dankbar sein.

Wer knurrt, erntet Knurren

Alte Legende

Ein Hund hatte von dem Tempel der tausend Spiegel gehört. Er wusste nicht, was Spiegel sind, aber er wollte unbedingt den Tempel besuchen.
Nach langer Wanderung kam er endlich an. Als er durch die Eingangstür gegangen war, blickten ihn aus tausend Spiegeln tausend Hunde an. Da freute er sich und wedelte mit dem Schwanz. Da freuten sich auch in den Spiegeln tausend Hunde und wedelten mit dem Schwanz.
Der Hund verließ den Tempel und dachte: Die Welt ist voller freundlicher Hunde. Von da an ging er jeden Tag in den Tempel.
Am Nachmittag kam ein anderer Hund in den Tempel der tausend Spiegel. Als er durch die Eingangstür gegangen war, blickten ihn aus tausend Spiegeln tausend Hunde an.
Der Hund bekam Angst, zeigte die Zähne und knurrte. Da knurrten aus den Spiegeln tausend Hunde zähnefletschend zurück. Der Hund zog den Schwanz ein, eilte davon und dachte: Die Welt ist voller böser Hunde. Nie wieder wollte er in diesen Tempel gehen.
In der Welt ist es wie im Tempel der tausend Spiegel: Wer knurrt, erntet Knurren; wer freundlich ist, bekommt Freundlichkeit zurück.

Die Geschichte vom roten Faden

Überlieferte Geschichte

In einem Dorf wohnten nur sehr arme Menschen. Sie hatten oft nicht das Nötigste, um leben zu können. Als es wieder einmal Winter wurde, klagte ein alter Mann über die Kälte. Alle wussten, dass dieser Mann schon lange keine Jacke mehr besaß. Doch niemand war im Stande, ihm eine solche zu stricken. Es fehlte schlicht und einfach am Material.
Da hatte eine Frau im Ort eine Idee: Jeder Dorfbewohner sollte

ihr einen Faden bringen, damit sie dem alten Mann eine Jacke stricken könne. Damit sie aber nicht allzu viel verschiedene Farben zusammenbekomme, möge jeder seinen Faden im Saft der Roten Beete, dem Hauptnahrungsmittel des Dorfes, tränken. Alle machten mit und brachten der Frau einen roten Faden. Diese fing gleich an zu stricken. Und noch vor Beginn des kalten Winters hatte der alte Mann eine Jacke.

Über die Freude

Jede Minute, die man lacht, verlängert das Leben um eine Stunde.
Chinesische Weisheit

Das Leben ist kurz, aber ein Lächeln ist nur die Mühe einer Sekunde.
Spruch aus Kuba

Die Seele nährt sich von dem, an dem sie sich freut. Augustinus

Heiterkeit ist der Himmel, unter dem alles gedeiht. Jean Paul

Das Leben meistert man lächelnd oder überhaupt nicht.
Chinesisches Sprichwort

Lernen wir uns freuen, so verlernen wir am besten, anderen wehe zu tun.
Friedrich Nietzsche

Freude, Mäßigkeit und Ruh' schließt dem Arzt die Türe zu.
Redensart

Nur das fröhliche Herz allein ist fähig, Wohlgefallen an dem Guten zu empfinden.
Immanuel Kant

Wer sich heute freuen kann, der sollte nicht warten bis morgen.

Sprichwort

Ein fröhliches Gesicht – und schon lacht die Sonne. Anton Kner

„Oma, warum leuchtet die Sonne?“

Reinhard Abeln

Kinder haben ihre eigenen Interessen, Fragen und Probleme. Sie werden immer wieder von dieser oder jener Sache fasziniert. Und dann bleiben sie stehen, um hinter das Geheimnis zu kommen.

Manche Geheimnisse werden lange Zeit heimlich mitgetragen, bis dann eines Tages die Frage auftaucht. Meistens werden diese Fragen mit „Warum“ eingeleitet: Warum regnet es draußen? Warum sind die Blätter grün? Warum fährt ein Auto?

Kinder können – schon im Alter von drei, vier Jahren – zu kleinen Philosophen werden. Sie fragen nach den schwierigsten Zusammenhängen und geben in der Regel nicht eher nach, bis sie eine befriedigende Antwort bekommen haben.

Einmal fragte eine Vierjährige ihre Oma: „Oma, warum leuchtet die Sonne?“ Die Oma war zunächst ganz überrascht von dieser Frage, aber dann antwortete sie ihrer Enkelin einfach und klar: „Weil sie lächelt.“

Das Mädchen war mit dieser Antwort voll zufrieden. Es hatte ja keine naturwissenschaftliche, physikalische oder chemische Erklärung erwartet. Es wollte eine menschliche Antwort, und die hatte die Oma ihm gegeben: „Die Sonne leuchtet, weil sie lächelt.“

Mit dieser Antwort konnte das Mädchen etwas anfangen. Es konnte sich richtig vorstellen, wie die Sonne leuchtet, wenn sie lächelt. Außerdem hatte die Oma wiederholt zu ihrer Enkelin

gesagt, wenn sie besonders nett und freundlich war: „Du bist mein Sonnenschein."
Müssten nicht auch wir im Leben viel mehr lächeln, viel mehr, als wir es in Wirklichkeit tun? Vielleicht täten wir es, wenn wir begreifen könnten, wie sehr wir mit diesem Lächeln eine Sonne für andere sind, wie sehr wir damit anderen eine Freude machen.
Es ist nun einmal eine unumstößliche Tatsache: Wer lächelt, wird zur Sonne, weil er dadurch Licht und Wärme spendet. Und auch dies ist ganz sicher und wahr: Freundliche Menschen können die Welt verwandeln.
Sollten wir nicht heute noch damit anfangen?

Über die Liebe

Wer sich um andere kümmert, hat keine Zeit, alt zu sein.

Wilhelmine Lübke (an ihrem 90. Geburtstag)

Wenn durch einen Menschen ein wenig mehr Liebe und Güte, ein wenig mehr Licht und Wahrheit in der Welt war, hat sein Leben einen Sinn gehabt.

Alfred Delp

Güte und Wohlwollen sind die besten Verjüngungsmittel.

C. A. Wilkens

Wenn du recht schwer betrübt bist, dass du meinst, kein Mensch auf der Welt könne dich trösten, so tue jemandem etwas Gutes – und gleich wird's besser sein.

Peter Rosegger

Innere Lebendigkeit, Interesse für andere Menschen und Lebensfreude sind besonders wichtig, wenn man älter wird.

Rose Fitzgerald Kennedy

Das Böse ist groß in der Welt, aber das Gute ist noch größer.

Karl Barth

Ein Tröpflein Liebe ist mehr wert als ein ganzer Sack voll Geld.

Friedrich von Bodelschwingh

„Gott wird alles gut machen“

Reinhard Abeln

Eine fünfundachtzigjährige Frau wurde eines Tages gefragt, wie sie es geschafft habe, trotz ihres hohen Alters noch so froh und jung zu bleiben.
Die alte Dame gab – mit einem schelmischen Lächeln – zur Antwort:
„Ganz einfach. Ich hatte im Leben immer etwas zu tun, wurde von meinen Kindern, Enkeln und Urenkeln immer gebraucht und – ich habe jeden Tag gebetet, besonders für die Menschen, die selbst nicht zum Beten gekommen sind.“
„Und gab es sonst noch etwas?"
„Ja. Ich habe mich stets darum bemüht, meine Mitmenschen zu lieben und ihnen, wenn es nötig war, zu helfen. Ich habe immer versucht, gut zu sein.“
„Haben Sie eigentlich Angst vor dem Sterben?“
„Etwas schon. Aber ich vertraue darauf, dass Gott alles gut machen wird und dass ich im Himmel alle meine Verwandten, Bekannten und Freunde wiedertreffen werde.“

Der Besuch

Überlieferte Geschichte

Wenn meine Großmutter ihre Mutter besuchen wollte, brauchte sie dafür drei Tage: Einen Tag fuhr sie mit Bekannten in der Pferdekutsche hin, einen Tag blieb sie dort, erzählte und erfuhr das Neueste, half in der Küche oder im Garten. Am dritten Tag fuhr sie heim.
Wenn meine Mutter ihre Mutter besuchen wollte, brauchte sie dafür zwei Tage: Sie fuhr mit dem Zug. Wenn sie Glück hatte, bekam sie Anschluss. Sie erzählte und erfuhr das Neueste, übernachtete dort und fuhr am nächsten Tag zurück.
Wenn wir zu meiner Mutter fahren, brauchen wir dafür mit dem Auto eine halbe Stunde. Lange können wir aber nicht bleiben, denn die Kinder werden unruhig, und wir wollen ja noch die neue Standuhr abholen, und außerdem müssen wir noch unbedingt schnell die Papiere zum Steuerberater bringen.
Wenn mich meine Kinder besuchen wollen?

Gib mir Kraft für einen Tag!

Gib mir Kraft für einen Tag!
Herr, ich bitte nur für diesen,
Dass mir werde zugewiesen,
Was ich heute brauchen mag.

Jeder Tag hat seine Last,
Jeder Tag bringt neue Sorgen,
Und ich weiß nicht, was für morgen
Du mir, Herr, beschieden hast.

Aber eines weiß ich fest,
Dass mein Gott, der seine Treue
Täglich mir erwies aufs Neue,
Sich auch morgen finden lässt.

Gib mir heute deinen Geist,
Dass das Band werd' stark erfunden,
Das mich hält mit dir verbunden,
Und bis morgen nicht zerreißt.

Und so will ich meine Bahn
Ohne Sorgen weiterschreiten.
Du wirst Schritt um Schritt mich leiten,
Bis der letzte Schritt getan.

Über Gott und Gebet

Alles liegt in Gottes Hand. Was sein Wille ist und was Gott zulässt, dient immer zu unserem Besten. Chiara Lubich

Wer Gott folgt, geht immer sicher. Ambrosius

Wer richtig zu beten weiß, weiß auch richtig zu leben.
Aurelius Augustinus

Wenn wir alles tun, was in unseren Kräften steht, dann tut Gott das Übrige. Arnold Janssen

Gott kann alles, nur eines kann er nicht: die enttäuschen, die ihm vertrauen. Anton Kner

Das Gebet ist der Schlüssel des Morgens und der Riegel des Abends.

Mahatma Gandhi

Der Kern im Leben des alten Menschen kann für einen Christen nur das Gebet sein.

Reinhard Abeln

Der Mensch ist nie so groß, als wenn er kniet. Johannes XXIII.

Wer scheinbar nichts mehr tun kann, kann noch das Wichtigste tun: Er kann sich betend mit der Allmacht Gottes verbinden.

Gertrud von Le Fort

Die Autoren

Reinhard Abeln, Dr, phil., geb. 1938, Redakteur i. R. in Stuttgart, Referent in der Erwachsenenbildung, zahlreiche Bücher über Lebens-, Ehe-, Familien- und Erziehungsfragen.
Anton Kner, geb. 1911, Pfarrer i. R. in Untermarchtal (Baden-Württemberg), über vier Jahrzehnte Gemeindeseelsorger, zahlreiche Veröffentlichungen über Themen der christlichen Lebenshilfe.

Textnachweis

Wir haben uns bemüht, alle Zitate und Texte zu verifizieren und mit einem Quellennachweis zu belegen. Dies ist uns in einigen Fällen nicht gelungen. Wir bitten die Autoren oder Verlage dieser Textstellen, mit uns Verbindung aufzunehmen.

Bildnachweis

Titelbild	Wilfried Wirth
Seite 25, 32/33:	© Rodrun Knöll
4. Umschlagseite:	Peter Santor
Seite 3, 5, 7, 11, 13, 18, 26, 35, 41, 43, 47:	Volker Rauch
Haupttitel, Seite 3 oben rechts, Seite 6 Mitte, Seite 7 unten, Seite 15, 31, 46:	Gunter Hartmann
Seite 6 oben, Seite 8:	Karin Lehmann
Seite 6 unten, Seite 21, 39, 45:	Willi Kohlmann
Seite 7 oben:	Roland Heusel
Seite 9, 29, 37:	Paul Schäfer

Bildbeschreibung

Haupttitel, Seite 3 oben links:	Sonnenaufgang auf Kreta/Griechenland
Seite 3 unten links:	Sonne über den Allgäuer Alpen
Seite 3 oben rechts:	St. Magdalena in Südtirol
Seite 3 unten rechts:	Abendhimmel auf Rügen
Seite 5:	Plattkofel, Dolomiten/Südtirol
Seite 6 oben:	Feldweg beim Tinninger See
Seite 7 Mitte:	Preintaler Hütte, Schladminger Alpen
Seite 7 unten:	Morgenröte an der Nordsee
Seite 8:	Gasse in Soglio, Graubünden
Seite 13:	Haus in Schabemack/Rügen
Seite 15:	Wüste Juda/Israel
Seite 18:	Seiser Alm/Südtirol
Seite 25:	Gertelbach Wasserfälle, Bühlertal
Seite 26:	Niederklingen im Odenwald
Seite 31:	Mespelbrunn im Spessart
Seite 32/33:	Winter in Hammetweil, Neckartenzlingen
Seite 35:	Sonnenuhr, Kirche in Groß Zicker, Rügen

Idee und Gestaltung: Willi Kohlmann
Satz: Gestaltung + Verlags-Service, Hamburg
Lithos: connected 2000 GmbH, Hamburg
Druck: EuroGrafica, Vicenza/Italien
Der Umwelt zuliebe gedruckt auf chlorfrei gebleichtem Papier
ISBN 3 7600 1515-8
Best.-Nr. 1 1515-8